# 날아라, 꿈

권준영 디카시집

도서출판 실천

# 날아라, 꿈
## 한국디카시학 디카시선 014

---

초판 1쇄 인쇄 | 2023년 8월 21일
초판 1쇄 발행 | 2023년 8월 25일

지 은 이 | 권준영
펴 낸 이 | 민수현
엮 은 이 | 이어산
기획·제작 | 한국디카시학
발 행 처 | 도서출판 실천
등 록 번 호 | 제2021-000009호
등 록 일 자 | 2021년 3월 19일

서울사무실 | 서울특별시 종로구 율곡로 6길 36
　　　　　　02)766-4580, 010-6687-4580

편 집 실 | 경남 진주시 동부로 169번길 12 윙스타워 A동 705호
전　　　화 | 055)763-2245, 010-3945-2245
팩　　　스 | 055)762-0124
전 자 우 편 | 0022leesk@hanmail.net
편집·인쇄 | 도서출판 실천
디자인실장 | 이예운　디자인팀 | 변선희, 이청아, 김승현

ISBN 979-11-92374-28-4
값 12,000원

* 이 책은 전부 또는 일부 내용을 재사용하려면 저작권자와 '도서출판 실천'의 동의를 받아야 합니다.
* 이 책의 국립중앙도서관 출판예정도서목록(CIP)은 서지정보유통지원시스템(http://seoji.nl.go.kr)과 국가자료종합목록시스템(http://www.nl.go.kr/kolisnet)에서 이용하실 수 있습니다.
* 잘못된 책은 교환해드립니다

# 날아라. 꿈

권준영 디카시집

■ 시인의 말


모든 것은 지나간다.

흘러가는 시간 속에서 놓치기 아까운 순간을

사진으로 찍고 짧은 글을 남겼다.

감동을 나누고 싶어서 문우들과 실시간으로 소통했다.

그 가운데 일부를 골라 첫 번째 디카시집을 낸다.

위로가 되면 좋겠다. 힘을 줄 수 있다면 더 좋겠다.

출간하도록 도와 주시고 해설을 맡아 주신

도서출판 실천 대표 이어산 시인님과 창작금을 지원해

주신 한국예술인복지재단에 감사드린다.

지지하고 응원해 준 가족 친지 친구들에게도

고마움을 전한다.


_ 권준영

■ 차례

## 1부 천일야화

백일몽 · 12
난이야 · 14
현충일 · 16
뒷담화 · 18
정말일까 · 20
사랑 · 22
내 이름 · 24
아라리오 · 26
갱년기 · 28
디카시처럼 · 30
불꽃처럼 · 32
다리 · 34
천일야화 · 36
옛날 옛적에 · 38
마주보다 · 40

## 2부 병사의 기도

오, 수정 · 44

별들의 고향 · 46

설화, 눈 꽃 그림 혹은 겨울 이야기 · 48

날아라, 꿈 · 50

괜찮아 · 52

병사의 기도 · 54

우리 사이 · 56

냉가슴 앓더니 · 58

묻다 · 60

자부심에는 근거가 있다 · 62

도림 마을 경로당 · 64

사자의 춤 · 66

너와 나 · 68

사노라면 · 70

아름다운 사람들 · 72

## 3부 사랑초

파프리카 속에는 · 76
오수, 가볍고도 무거운 · 78
사랑초 · 80
고수의 품격 · 82
우화 · 84
비 그치고 · 86
꽃기린 · 88
어느 흐린 날에 · 90
과로사 · 92
뿌리 · 94
검은 혀 · 96
귀천 · 98
시인, 물들다 · 100
틈을 보다 · 102
고백 · 104

## 4부 정도리 사람들

일몰 · 108

꿈, 날다 · 110

지붕 위의 소 · 112

장수 거북 · 114

회상 · 116

백련지 수련회 · 118

땅끝에서 · 120

아우슈비츠 · 122

카이로스 · 124

식영정가 · 126

영산홍에게 · 128

석류 · 130

정도리 사람들 · 132

노을 · 134

비로소 · 136

권준영 디카시 해설 · 138

# 1부

## 천일야화

# 백일몽

오늘도 몇 번인가

같은 길을 돌아와

잠시 숨고르기 하는 동안

먼 고향 초원을 달린다

눈 뜨고 선 자리에서

# 난이야

안 그런 척 해 봐도

잠은 안 오고

눈을 감아도 네가 보여


깊은 밤 어둠 속에서

너를 그려 본다 달이야

현충일

어디만큼 왔니

당당 멀었다


오빠 모습

보이지 않아


까치발만 동동

# 뒷담화

우리 눈에도 속 다 보이는구만

혼자 애국자인 척 하기는


속 다르고 겉 다른 저 사람들

까치 배 바닥 같이 흰소리해도

속은 우리보다 검을 거 같아

# 정말일까

웬 칼질이냐니

아니래요


가뭄에 살겠다고

저 혼자 이런다는


생명이란 참

# 사랑

어둠 오고서야

알았습니다


보이지 않을 때에드


언제나 그 자리

지켜 주신 정

# 내 이름

목수에겐 자귀나무

농부에겐 거름나무


합환수 부채나무 소밥나무라고도


내가 가장 좋아하기는

어느 시인이 주신 이름 공작나무

아라리오

찔레꽃이 붉었다고

지기 전에 오라더니


꽃만 두고 넘어갔네

아리랑 고개


붉으면 뭐해 아라리오

# 갱년기

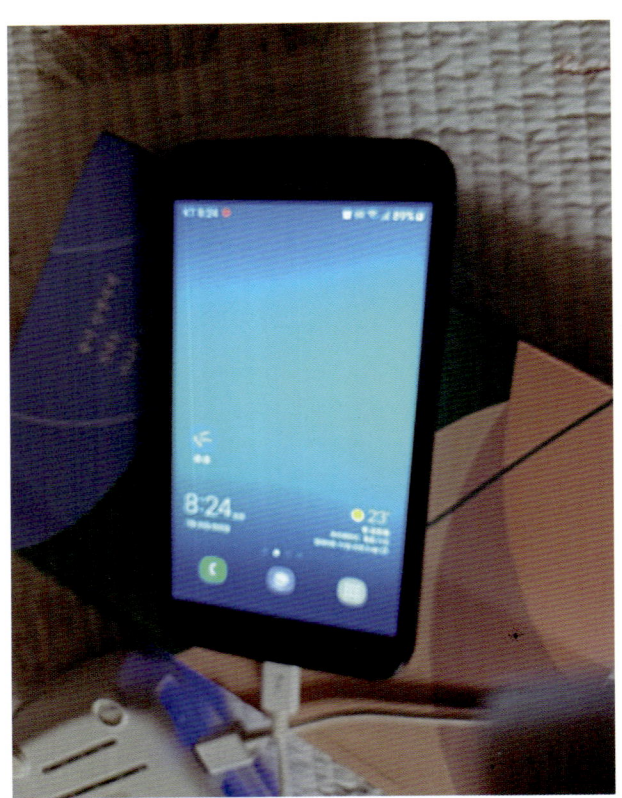

아내는

충전 중


힘이 부치는지


자꾸만

저러고 있다

## 디카시처럼

어쩌면 우리

좋은 사이 될 것 같아


색도 결도 다르지만


내가 너의 문장이 되고

네가 나의 그림이 되어 준다면

## 불꽃처럼

한 번쯤

타올라야지


타고 나서

재가 된다 해도 좋을


바로 이 순간

# 다리

걸을 수 있는 다리

건널 수 있는 다리

모두 축복이다


꿈 너머 꿈을 꾸며

다리를 건너간다

# 천일야화

우리 사연 다 펼치견

몇 권의 책이 될까


영화 같은 이야기들

끝이 없지만


오늘은 여기까지

# 옛날 옛적에

진짜 공룡을 보셨다고요?

아무렴 보았지 보았고 말고
나 살던 옛날 백악기에는
내 그늘에서 잠도 잤는 걸.

할아버지는 진짜 늙겠다.

# 마주보다

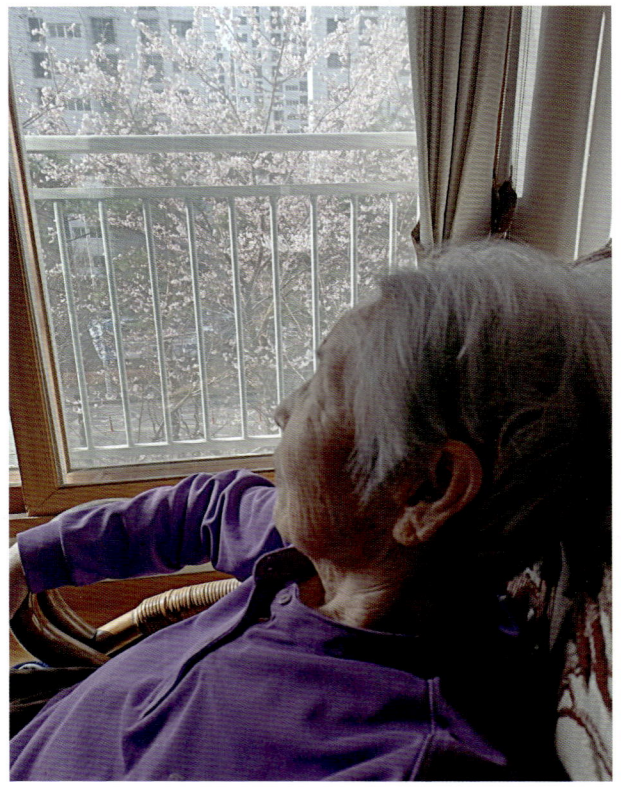

꽃 앞에서는

할매도 꽃이다


꽃이 꽃을 보고 있다


피는 꽃 지는 꽃

오래오래 마주보고 있다

# 2부

병사의 기도

오, 수정

먼지 묻어 있을 때는

하찮은 줄 알았어요


소낙비에 멱감고

하늘 담은 모습이라니


오 수정, 빛나는 보석이었네요

# 별들의 고향

어린 넋 묻고

돌아 가는 길


쑥국새 울고


꽃이란 꽃 다 떨어져

눈물로 반짝이는

# 설화, 눈 꽃 그림 혹은 겨울 이야기

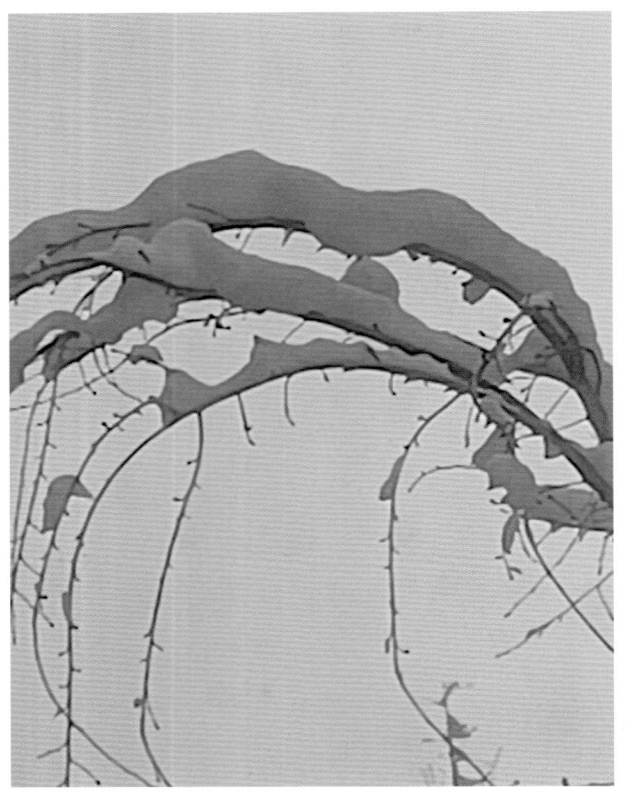

바람도 없이

소리도 없이


함박눈 오고


빈 가지 위에

눈 눈 쌓이고

## 날아라, 꿈

열렸다

펼쳤다


비행 준비 끝


셋 둘 하나

날아라, 꿈

괜찮아

비 오고 바람 불고

어둠 깊었어도


보아라 새날


금빛 노을 새아침

눈부시게 찬란한

# 병사의 기도

노을이여

조금만 더

나 떠나기 전에

내 사랑

깨지 않도록

# 우리 사이

위라고 부럽지 않고

아래라고 부끄럽지 않아


위 아래, 아래 위


제 자리에서

서로 마주보고 웃어주는

# 냉가슴 앓더니

터질 때까지

도저히 못 참겠어


참지 말고 말해 봐


알알이 붉은 속을

말로 어떻게

묻다

푸른 솔 아래

너를 묻고

묻는다


바람아 구름아

너는 어디로

# 자부심에는 근거가 있다

K-한류

우리도 한몫 한 것 맞지요


아무렴

저 끼 재주 다 어디서 나왔겠소

참고 기다려준 세월은 또 어떻고요

# 도림 마을 경로당

느티나무 할아버지 틀니하는 날

뭉개뭉개 흰구름 떠오르네요


매미 울고 석류 웃고


앞니 빠진 영이 할매 곰방대에도

모락모락 실구름 피어납니다

# 사자의 춤

춤에 빠져 살더니

어떻게 가셨을까


새가 날아든다


젊은 날의 춤사위

그리워 그리워

너와 나

너는 푸르고

나는 투명하다


따로 또 같이


스미지 않아도

참 좋다

# 사노라면

비가 그치니 햇살이 반짝

이보다 더 좋을 수 없다

이제 알겠네

시름겨웠던 날 그 눈물

금잔에 받아 주셨음을

# 아름다운 사람들

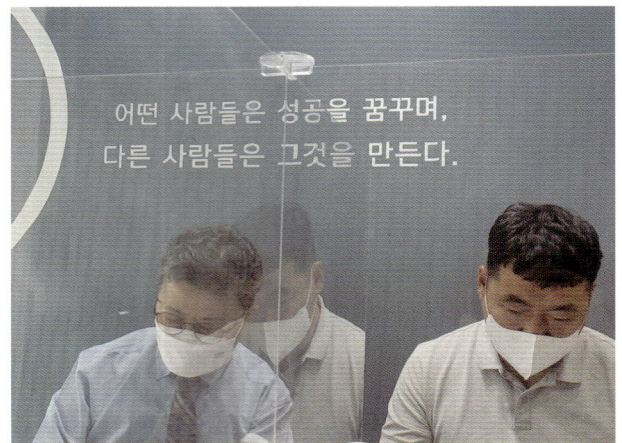

우리는

갑도 을도 병도 아닌

꿈꾸는 사람


내일의 날씨는

맑음입니다

# 3부

## 사랑초

# 파프리카 속에는

주머니 열어

이리 저리

오래 보고 있다


파프리카 속에

파프리카 있다

# 오수, 가볍고도 무거운

등 따시고 배부르니

졸음이 슬슬


못 참겠다


세상에서 가장 무거운 건

오후 세 시의 눈꺼풀

사랑초

더이상

무슨 말이


이름만으로

우리는

# 고수의 품격

밀 때가 있고

끌 때가 있다


진정한 고수는

때를 안다

# 우화

바람과 내통하는 시간

문장은 산란 중


감은 눈 속 나비 춤

접을 듯 펼친 날개

꿈의 행간 누비는

# 비 그치고

모난 생각들

궁글린 뒤에야


마음 속에


밝은 하늘이

둥근 세상이

## 꽃기린

오겠다는 기별 받고

가시까지 순해진 날


어디쯤 오고 계실까


한자리에 선 채

목이 길어진

# 어느 흐린 날에

여기까지라는 말

너무 아프다


돌이켜 봐

우리가 여기까지

어떻게 왔는데

과로사

비정규직이라

참기만 했더랍니다


힘에 부쳐도


쉬게 해달라는

말도 못했답니다

뿌리

가까이 보니 알겠다

잎이 그리도 푸르렀음이
저 뿌리의 힘이었음을

알아 주시려나
우리 민초들도 그렇다는 걸

# 검은 혀

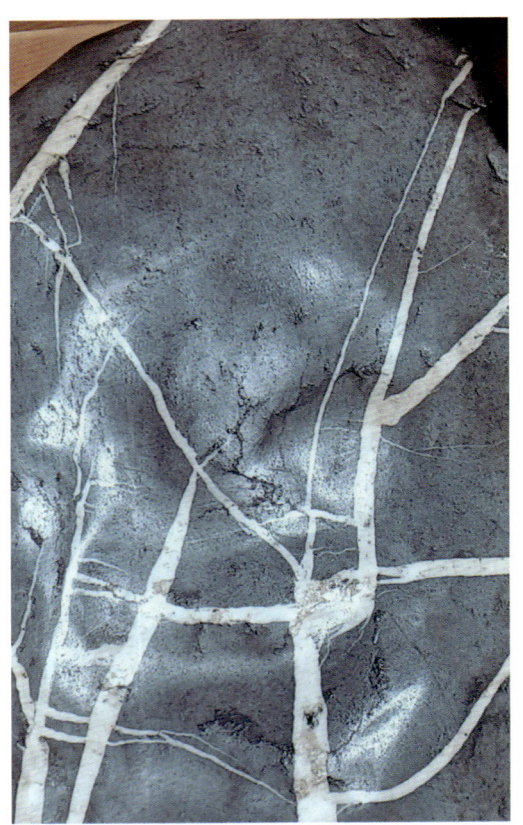

귀 밝은 사람은 안다

말에도 뼈가 있다는 걸


저 사람은 왜 모를까

말로 입은 상처에는

약도 없다는 것을

# 귀천

소풍 끝나고

돌아갑니다


다리 건너

고개 너머


내 어머니 가신 길

# 시인, 물들다

봄 여름 가을

시 한 수에 목매던 길을


시인이 간다


계절 건너 찬 바람 속에

붉은 문장 한 줄로 남은

# 틈을 보다

틈을 낸 사람들은

딴 세상 사네


앞만 보고 걸어온

나 같은 사람


꿈도 꾸어 보지 못한

# 고백

당신 향한

내 마음입니다

# 4부

정도리 사람들

일몰

노을 지고 이제 돌아갈 시간

못다 부른 노래가 남아 있지만

우리에게는 또 내일이 있습니다

# 꿈, 날다

일상을 벗어 놓고

날개를 폈다


배낭 메고 하늘 나는

마법의 시간

# 지붕 위의 소

웃지 마요

이유도 묻지 말고요


닭 쫓던 개도 아닌 소가


사람들 하는 일

어찌 알것소

# 장수 거북

소풍 끝났으니

돌아가야지요


한세월 행복했습니다


꽃수레로 보내주시니

감사합니다

# 회상

신생대의 지층을 걸어나와

시간여행 중이야


믿어 주겠니


내게도 한 때는

푸르른 날 있었다는 걸

# 백련지 수련회

얼마나 답답했을까

우리 아이들


마스크 벗으니 좋다고

너도나도 쫑알쫑알


입을 다물 줄 몰라

# 땅끝에서

하루의 끝이

여기였구나


온종일 세상 밝혀준 태양아

서로 다른 길 걸어온 사람들아


오늘은 여기서 안녕

# 아우슈비츠

모두가 말이 없었다

누군가 한숨을 토했고

누군가는 울었다

# 카이로스

너를 처음 만나던 날

일곱 시 지나 삼 분은
내 생에 가장 길었던 시간

그 짧은 순간에 나는
천 년의 사랑을 했네

# 식영정가

오백 년 세월 낚는 푸조나무 팽나무

쉬어가는 길손 천 년 꿈 부를 때
피리를 불어라 갈대 바람아

구름이 강물에 몸 푸는 동안
보아라 여울 건너 새날이 온다

# 영산홍에게

열흘 붉은 꽃 없다는

노래는 노래일 뿐


너를 그냥 보낼 수 없다


가자, 시인의 집

머물고 싶은 시간 속으로

# 석류

좋겠다 너는

속 마음 다

보여줄 수 있어서

# 정도리 사람들

나만 왜 그리

힘드냐고라우


여그 와서 쫌 보씨요


풍파 없는 인생

어디 하나라도 있능가

# 노을

미안하다 내가 힘들게 했다

힘든 모습 보인 거 용서하세요


상처를 서로 보듬어 주는


지금은

태양도 겸손한 시간

# 비로소

웃자란 생각들 잘라 내고서야

하늘이 보이기 시작했다

□ 권준영 디카시 해설

# 권준영 시인의 디카시에 나타난 인생미문학人生美文學의 힘

이어산(시인, 한국디카시학회 대표)


 요즘은 칠순이 훨씬 넘은 할머니도 스마트폰카로 사진을 찍고, 유치원생도 스마트폰 셔터만 누르면 거기에 내장된 인공지능(AI)은 인물, 애완동물, 풍경 사진이든 피사체를 가리지 않고 노출이나 초점을 최적화하여 멋진 사진으로 찍어 준다. 또한 점점 똑똑해지는 AI기술은, 전문 사진작가의 영역이 무색할 정도로 발전하고 있다. 아직은 스마트폰 카메라 디바이스 픽셀의 태생적 특성상 작가용 카메라처럼 대형 이미지 센서나 렌즈를 탑재할 수 없지만, AI기술의 발전 속도를 보면 이것도 극복할 수 있을 것이다. 이젠 누구나 작가처럼 사진을 찍고 그것을 실시간으로 공유할 수 있는 시대가 온 것이다. 즉 스마트폰이 우리 생활의 중요한 기능을 담당하는 자리에까지 올라

갔다. 스마트폰이 없으면 불편을 넘어서 불안할 정도로 우리 삶에 깊숙이 간여하고 있다.

우리의 문학이 이런 흐름을 외면하지 않고 선구자적으로 시적 언술과 영상 기호의 결합을 통한 새로운 문학으로 '디카시Dica poem'라는 이름으로 2004년 이상옥 교수(한국디카시 연구소 대표, 전 창신대 문창과 교수)에 의해 탄생하게 된다. 이 같은 내용은 디카시를 쓰는 사람이라면 알 것이다. 경남 고성에서 지역 문예운동의 일환으로 시작된 디카시는, 이제 국내는 물론이고 세계로 퍼지고 있는 한류 문학의 대표적 위치로까지 올랐다는 평가를 받고 있다. 필자도 디카시는 시대적 문화컨텐츠가 될 것이라는 확신으로 이 운동에 작은 힘이라도 보태고자 노력하였고 앞으로도 이름 없고 빛이 없어도 이 일에는 진심을 쏟을 것이다.

디카시는 빛으로 그린 영상 언술과 시적 감흥이 합쳐질 때 그 진가를 발휘한다. 이때, 사진과 시적 언술에 글쓴이의 마음이 담긴다는 사실에서 기존의 문자시가 다루지 못하던 부분까지 확대 발전시킨 개념이다. 그러므로 잘 쓴 디카시는 어느 문학과 견주어도 뒤지지 않는다. 또한 디카시는 영상 언어라는 현장성이 더해짐으로써 살아있는 시다. 현장성과 즉물

성을 작품에 반영하므로 촌철살인적 짧고 힘 있는 언어의 조합이 필요하다. 이런 점은 인생의 연륜이 깊은 사람에게 오히려 유리할 수 있다.

　권준영 시인은 이런 의미에서 누구보다 깊은 사유를 담은 디카시를 지을 수 있는 충분한 덕망과 학식, 연륜을 가지고 있다. 2014년 시로 등단한 이래 4권의 사화집과 디카시집 2권을 공동 출간했으며 시집 『뿔, 물이 되다』를 내었고, 무등디카시촌과 한국디카시학회에서 활발한 작품활동을 하고 있다. 이번에 펴내는 디카시집 『날아라, 꿈』은 총 4부로 나누고 있는데 시집을 관류하는 중심사상은 자연과 생명, 인간의 내면을 탐구하는 존재론이다.

　이제 그의 디카시 속을 거닐어 보자.

안 그런 척 해봐도
잠은 안 오고
눈을 감아도 네가 보여

깊은 밤 어둠 속에서
너를 그려 본다 난이야

_「난이야」 전문

 사람의 일생에서 사랑하는 마음이 없이 이루어지는 일은 거의 없다. 어쩔 수 없이 억지로 하는 일은, 혹 결과가 좋아도 성공이라고 말할 수 없다. 권준영 시인의 디카시는 그의 일생을 관조하는 인간주의적 사랑에 천착해가는 일종의 보고서다. 38년 동안 젊음을 바쳤던 교단 일이 그렇고, 지금 그가 교장으로 있는 '시가 흐르는 행복학교' 일도 그렇다. 수석에 새겨진 난초 문양에서 사랑하던 이와의 추억으로 환치시킨 발상을 할 수 있는 그는 아직 청년이며 현재진행형인 시인이다. 이 사랑은 이성적인 것이 아니라 형이상학의 세계다. 사랑의 감성이 메마른 사람은 젊었어도 늙은이라고 할 수 있지만, 이처럼 끊임없이 사랑을 노래하는 삶은 나이가 들어도 젊은이다. 끝없이 노력하고 신인처럼 최선을 다하는 모습에서 그는 청상 젊은 시인이다.

어둠 오고서야

알았습니다

보이지 않을 때도

언제나 그 자리
지켜 주신 정

_「사랑」 전문

 위 시 역시 사랑의 마음을 되찾는 여정에서 세상의 이치를 말하고 있다. 우리에게 가장 소중한 것은 곁에 있지만 가까울수록 그 소중함을 잊어버리고 살 때가 많다. "어둠이 오고서야/ 알았습니다"라는 진술은, 얼마나 큰 버팀목이었는지도 몰랐던 사람들과 자신을 향한 부모의 존재와 사랑을 되새기게 한다. 세상이라는 바다를 항해하면서 부모보다 더 큰 등대가 없지만, 고마움을 잊고 살아온 우리의 고백이다.

찔레꽃이 붉었다고
지기 전에 오라더니

꽃만 두고 넘어갔네
아리랑 고개

붉으면 뭣해 아라리오

_「아라리오」 전문


  리듬이 살아 있는 위 시 역시 한의 운명론을 말한 것이 아니라, 오히려 시의 본령인 인생미문학人生美文學을 통한 탐미주의적 디카시의 힘을 엿보게 한다. 상실의 시학 같지만, 찔레꽃을 통하여 생生과 사死의

이미저리를 떠올리게 함으로써 인간의 보편성과 삶의 본질에 대한 형상화에 성공하고 있다. 먼저 간 임을 향한 비감함을 "꽃만 두고 넘어갔네/ 아리랑 고개// 붉으면 뭣해 아라리요" 세상이 꽃 천지라도 상실에 대한 장탄식을 안으로 감춘 작법이 예사롭지 않다. 사랑하는 사람을 떠나 보내본 사람은 다 느낄 것이다. "그가 없는 세상이 꽃 천지인들 무엇하리오…"

열렸다
펼쳤다

비행 준비 끝

셋 둘 하나
날아라, 꿈

_「날아라, 꿈」전문

　위 시는 이번 시집의 표제시다. 씨앗은 생명을 상징한다. 필자는 저 씨앗에서 인생 2막을 펼치고 있는 권준영 시인의 인생관을 본다. 씨앗은 시작이기도 하지만 결실의 최종목표다. 그는 이때가 다시 날아야 할 때라는 것이다. 결실에 만족하는 것이 아니라 그것은 또 다른 시작이라고 한다. 이 짧은 문장과 영상 언술은 생명질서와 순환적 세계관을 담고 있다. 백발의 노인과 어린 생명이 겹쳐지면서 생명의 연쇄성을 나타낸다. 우리가 살아온 날들은 미래를 위한 토대이고 과거와 현재와 미래는 순환적으로 연결되어 있음을 발견할 수 있다. 이처럼 디카시는 '무엇'을 보는 것이 아니라 '어떻게' 보느냐가 시의 성패를 좌우한다. 5행 이내의 짧은 문장에서 사진을 설명하는 듯한 태도는 디카시 짓기에서 극히 경계해야 할 사항이다. 반대로 사진을 덧붙이지 않아도 언술만으로도 훌륭한 시가 된다면 굳이 디카시로 발표할 필요가 없다. 사진이나 시적 언술이 서로 설명하지 않으면서도 합쳐졌을 때 더 큰 의미의 확장을 가져오는 형태를 필자는 디카시 짓기에서 권장하고 있다. 이런 의미에서 위 「날아라, 꿈」은 읽을수록, 한 사람의 인생관이 엿보일 정도의 넓고 깊은 시다.

걸을 수 있는 다리
건널 수 있는 다리
모두 축복이다

꿈 너머 꿈을 꾸며
다리를 건너간다

_ 「다리」 전문

위 시 역시 '다리'라는 동음이의어同音異議語의 묘미를 보여준다. 인생에 있어서 다리 없는 깊은 강을 건너야 할 때의 난감함은 그 상황을 당해 본 사람보다 다리의 절실함을 느껴본 사람은 없을 것이다. 이것은 현실의 다리일 수도 있지만, 이 시가 함의하는 다리는 고난과 희망의 상징이기도 하고, 건강을 잃으면 다 잃는다는 중층묘사가 깔려있다. 이것은 시인이 겪었던 세상의 희로애락을 '다리'라는 제목으로 삼은 것에서도 드러난다.

밀 때가 있고
끌 때가 있다

진정한 고수는

## 때를 안다

_「고수의 품격」 전문


 우리는 가끔 우리의 편협한 생각 때문에 일을 그르칠 때가 있다. 우리가 살아가는 세상에선 아무리 진심인 행동이라도 그것을 통하여 상대방에게 불편함을 준다든지 상처를 남길 수도 있다. 인생의 경륜이 있는 사람, 특히 존경받는 사람은, 말해야 할 때, 행동해야 할 때, 멈춰야 할 때를 가릴 줄 아는 사람이다. 세상을 진심으로만 살아가는 것이 아니라, 위와 같은 때를 제대로 알고 행동해야 한다. 이것은 시에서는 페르소나Persona로 나타나는데, 권 시인은 '고수의 품격'이라고 했다. 공자가 수제자 안회에게 사람이 살아가는 도리 중에서 최고의 미덕은 예禮라고 했으며 다른 말로 질서라는 것이다. 그 말을 조금 더 확대해 보면 권 시인의 위 시처럼 '때'를 안다는 말이 된다. 디카시의 묘미는 열린 사고와 상상력으로 일반 문자시 못지않게 더 큰 의미를 담을 수도 있다. 그러나 자칫 잘못하면 옛날부터 있어왔던 '사진시', 즉 서로 설명하는 형태가 되어버릴 수 있음을 다시 한번 유의할 필요가 있다.

너는 푸르고
나는 투명하다

따로 또 같이

스미지 않아도
참 좋다

_「너와 나」 전문

 위 시는 서로의 다름을 인정하고 어울려 사는 것의 중요성을 강조하고 있다. 최고의 시작법詩作法은 '다름'을 이해하고 인정하여 그 속으로 들어가 보는 것, 즉 그 입장에 서 보는 것이다. 이것을 '자리바꿈'

이라고 하는데 그것을 통하여 인간과 하늘(자연), 인간과 인간, 사람과 동물이 조화하는 일이다. '벧엘의 법칙'이라고도 하는 이것을 통하여 모든 시적 대상은 재해석되고 시인이 느낀 서정적 감성을 최대공약수로 뽑아내는 것이 시 쓰기다. 세상의 모든 싸움은 상대를 배려하지 않거나 다름을 인정하지 않을 때 벌어진다. 서로 꼭 스미지 않아도 서로의 다름을 인정한다면 미움도 질투도 사라지게 된다. 이런 의미에서 권준영 시인의 디카시는 긍정의 시학이고 생명의 시학이라고 보는 것이다. 때로는 낭만의 아이러니에 머물다가, 환상적이다가, 현실에서는 따뜻한 위로의 손길로 힘든 이의 등을 두드리다가, 정신이 번쩍 들게하는 묘미가 있다. 그가 기경起耕해 나갈 디카시의 영토에 힘차게 펄럭이는 권준영 시인의 깃발을 보는 듯하여 기쁜 마음으로 첫 디카시집 상재를 축하드리며 추천한다.